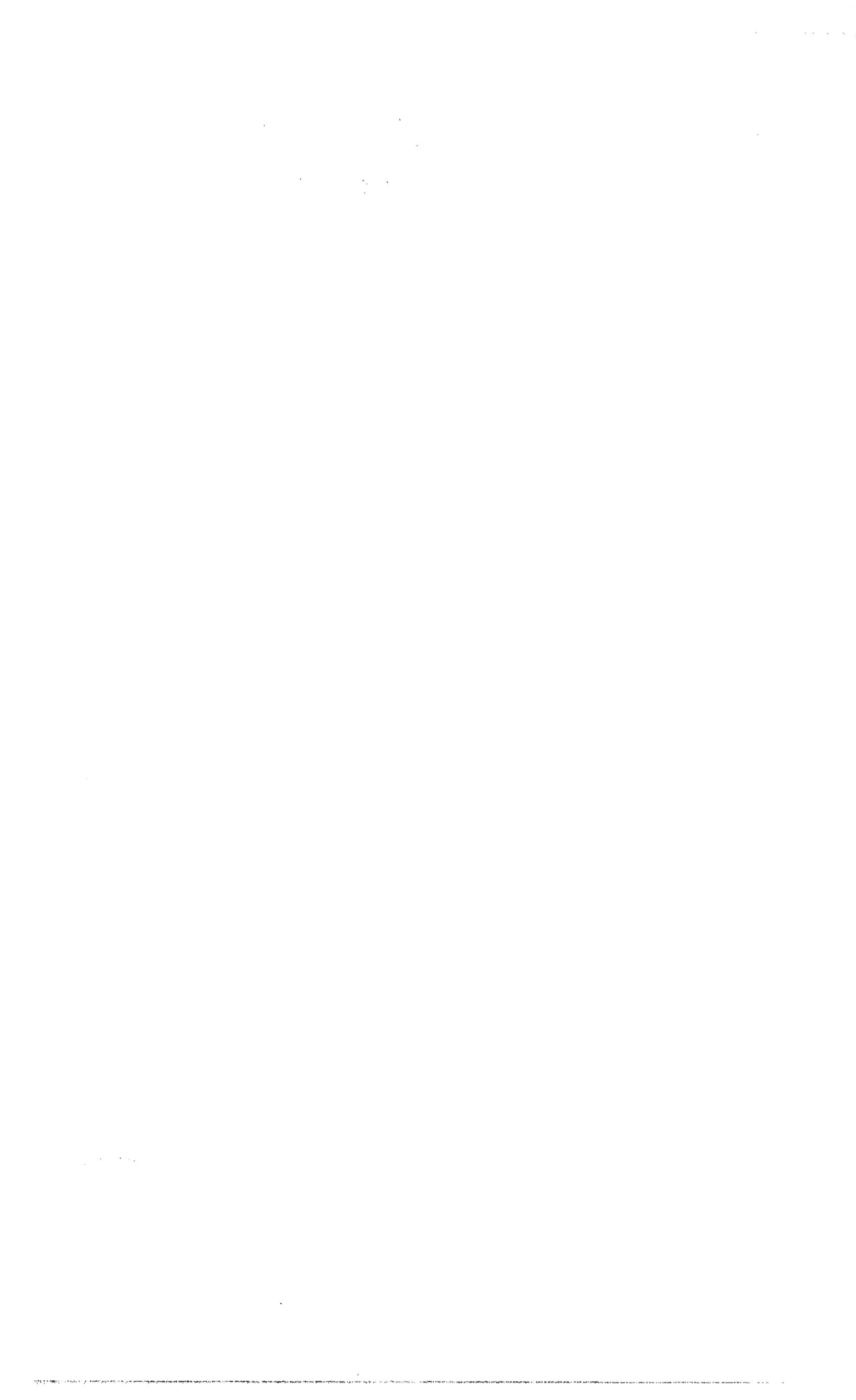

CONSIDÉRATIONS NOUVELLES

SUR

LE JOURNALISME

PAR

CLAUDE DUSSAUSSOY DE CHAMPLECY,

EX-SUBSTITUT AU TRIBUNAL CIVIL DE MONTBRISON, CHARGÉ DES
FONCTIONS D'AVOCAT GÉNÉRAL PRÈS LA COUR D'ASSISE DE
LA LOIRE,

AUTEUR DE L'ESSAI INTITULÉ :

Des Journaux et de la Tribune en France, considérés sous le
rapport de la Littérature et des Sciences.

Furor arma ministrat.
Virg. Enéide.

PARIS.

IMPRIMERIE BOISSEAU ET COMPAGNIE,
PASSAGE DU CAIRE, 123-124.

—

1855.
1856

CONSIDÉRATIONS NOUVELLES

SUR

LE JOURNALISME.

———o—◦◇◦—o———

J'ai appelé le journalisme le mélodrame à domicile, et l'on a eu la bonté de trouver dans cette dé-
nomination quelque chose de piquant : j'aurais dé-
siré l'appeler aussi le régulateur de la justesse dans
toutes les choses des besoins de la vie, mais malheu-
reusement je n'ai pu réaliser cette intention. J'avoue
que je n'ai pas été heureux pour mes fournisseurs,
en matière de journalisme : mon marchand de chaus-
sures m'avait estropié en lisant un article sur la
Chambre des Députés. Quelques jours après, j'allai
me faire habiller : mon tailleur, homme à grand ton,

me présenta le journal, en me priant de l'attendre :
Ah ! dis-je en moi-même, ce ne peut être qu'un homme
de goût, livré à des discussions d'une si haute importance ; mais mes effets livrés, qui avaient une figure
politique dans un moment de révolution, me prouvè-
rent le contraire. N'en soyez point étonné, me dit
quelqu'un, c'est un homme absorbé par la lecture des
journaux. Le lendemain, j'étais invité à une soirée ;
le moment de m'habiller arrivé, mon coiffeur brûla
trois boucles à mes cheveux, égaré par un feuilleton
qui le faisait mourir d'amour pour une princesse. Les
objets de ma toilette me manquant, j'envoyai chez le
génie protecteur de mes bas, se pâmant sur la lecture
de deux amants qui s'étaient asphyxiés ; et ma blan-
chisseuse, au lieu de préparer mon linge, avait couru
vendre sa chemise pour entendre un acteur dont elle
avait lu l'éloge dans le journal. Je fus forcé de re-
noncer à ma soirée.

Hélas ! me dis-je, je me récompenserai au moins
sur la nourriture, dans un siècle de lumières et de
jouissances ! et je me promis de riches résultats de

la cuisine ; mais je ne fus pas plus heureux dans là dégustation de la bouche que dans mes apprèts pour me présenter au beau sexe. Mon cafetier me répétait sans cesse que, chargé de mille à douze cents francs de journaux par an, il ne pouvait me donner ni du café et du sucre purs, ni du lait sans farine. Je passai successivement du restaurant, fils naturel et salubre du progrès, à la table d'hôte, et de la table d'hôte à mon ménage. Le restaurateur, épuisé par la dépense de ses éloges dans les journaux , était obligé de falsifier tous ses mets ; ma table d'hôte m'encadrait dans un assortiment de filles de joie qui lui attiraient des amateurs en faisant vivre le *Journal des Modes*, et ma cuisinière, qui me volait, disparut un beau matin avec un collaborateur de cœur, pour fonder un journal sur la cuisine.

Si nous examinons le journalisme dans un cadre plus approfondi, d'abord, ses peintures sont peu propres à rasseoir l'imagination de l'homme, aberrante au milieu de cette confusion de connaissances superficielles et mal digérées ; les faits les plus obscènes et

les plus scandaleux, les assassinats, les empoisonne-
ments, les suicides, viennent se grouper dans ses
feuilles autour de la physionomie publique, en quelque sorte comme un dangereux exemple à suivre,
comme un défi de les imiter; car de pareils tableaux
ne corrigent point la multitude, mais ne font que la
familiariser avec le crime et le sang; et malheureu-
sement l'espèce humaine est faite de telle manière,
que le récit de la tentation qui a mené au forfait,
excite plus à le commettre que la punition n'en n'é-
loigne; sans compter le danger des exemples im-
punis. Ajouterai-je que le coupable y est signalé à la
nation entière, lorsqu'auparavant il ne l'était qu'à
son tribunal; et tel qui, après une faute légère, un
moment d'erreur, après même un grand attentat,
voudrait revenir au bien, ne le peut plus, repoussé
de la société par la publicité qui l'entoure; ainsi l'in-
secte invisible vit dans les marais des désastres de la
nature et de ses restes décomposés.

Et comme si le journalisme n'avait pas ainsi dé-
passé les bornes de la patience, il couronne cette

œuvre pénible par le détail des faits les plus futiles et les plus indifférents, qui inspirent le goût du désœuvrement et détournent chacun de ses occupations, des faits les plus misérables et les plus bas, qui appauvrissent les idées ; il incorpore ainsi dans nos mœurs l'esprit de curiosité et de racontage, contraire à l'éducation de l'homme bien élevé, à l'attitude d'une grande nation, et me rappelle la commère du quartier, qui ne laisse au voisinage rien ignorer de ce qui s'y passe.

Mais rentré dans ses foyers, cet asile sacré de la loi, le citoyen y trouvera-t-il au moins le repos? Non, il y trouve encore, les nouvelles perturbations, les nouveaux traits du journalisme ; sa vie intérieure, ses habitudes les plus secrètes promulguées, une disgrâce, un malheur capables de porter atteinte à sa réputation, une maladie qui pourrait lui nuire, divulgués ; s'il voyage, jusqu'au jour et à l'heure de son arrivée, plus d'une fois l'objet d'un mystère précieux, sont signalés par les journaux ; tout est livré à une indiscrète publicité par cette cigale étourdissante: c'est

un ennemi qui fait insérer dans ses feuilles une lettre sur son compte ; une inquisition douloureuse pèse sur toutes ses actions. Existe-t-il une tendance plus évidente à vivre de l'existence humaine , de ses malheurs et même de ses larmes? Le journalisme n'est-il pas , dans un siècle d'agiotage, l'agioteur de la vie humaine ?

Enfin, après de si beaux produits de sa plume, chacun croira que le journalisme va s'arrêter, et ne poussera pas plus loin sa marche triomphale : non, il ne s'arrête point encore, il n'est point encore satisfait de son ouvrage; il passe de la polémique des principes aux caresses du plaisir, de l'incendie du raisonnement à l'incendie des passions : non content d'avoir empreint le peuple d'agitations, il tend un piége à ses mœurs par ses feuilletons empoisonnés du romantisme, et pour le faire boire à cette coupe politique, lui en présente les bords cachés sous le miel perfide de la volupté.

D'ailleurs, que dire d'un genre d'écrit devenu l'allié du duel? N'est-on pas tous les jours témoin de ces actes de sang et de mort qui éclatent entre les journalistes? Quelle espèce de considération puis-je vouer à l'écrivain qui soutient par la force du corps le sillogisme de la pensée, qui animalise l'art d'écrire en animalisant l'homme, si je puis me servir de cette expression, et l'amenant à pas rétrogrades dans les forêts sa première demeure?

Le journalisme ne manquera pas d'objecter qu'il est l'organe des arts, de la littérature et des sciences, en rendant compte des concerts et des spectacles, en présentant dans un cadre raccourci et plus accessible les œuvres de l'homme de lettres et du savant, qu'il leur donne un nouvel éclat en analysant leurs conceptions dans ses feuilles, et qu'il fait ainsi circuler leurs bienfaits dans la société.

Si nous examinons l'intervention du journalisme dans l'analyse qu'il fait des conceptions de l'esprit, nous commencerons par poser en principe que l'ordre élevé des connaissances ne se prête point à cette démonstration détaillée qu'il en fait chaque jour; ce ridicule démonstrateur qui, une baguette à la main, vous explique le nom et la nature d'une chose, ne peut se supporter que dans la brouette roulante où l'on amuse la populace. Mais, puisque le journalisme prétend être utile aux lettres et aux sciences, nous demanderons d'abord dans quel style il écrit : il passe du pathos aux diatribes, et des diatribes aux pathos qui, sous sa plume, acquièrent un nouveau ridicule l'un de l'autre. S'il fait un éloge, c'est avec des expressions hyperboliques, venant de la petitesse de son modèle pour en exagérer la grandeur, et de l'inutilité de son article pour lui donner un caractère important ; en telle sorte que cet éloge n'est autre chose qu'un trophée qu'il s'érige à lui-même, et dans lequel il s'admire. S'il critique, au contraire, c'est avec le cynisme et les hurlements de celui qui sent son impuissance ; double anomalie, dont la cause est dans la vénalité, et le caractère précaire de ce genre d'écrit qui, plus il est faux et éphémère, plus il est irritable et voisin des convulsions de sa fin ; il fait une alliance burlesque de l'écriteau du logement et de l'étiquette de l'onguent, avec l'analyse de la concep-

tion littéraire la plus délicate, ou de l'œuvre scienti-
fique la plus savante : ignominieux mélange, contact
perfide qui bientôt unissent ces deux langages. Ainsi,
le journalisme, loin d'être utile aux lettres et aux
sciences, comme il le prétend, les dégrade et les dé-
considère par la corruption de son style que je pourrais
qualifier, par une épithète excusable ici, de style d'é-
picier.

Mais, pour aborder la question d'une manière im-
médiate, qu'est-ce que le journalisme entend à ces
diverses classifications du domaine des arts, qu'est-ce
qu'il entend à la musique, à l'art de rendre les pensées
de Thalie et de Melpomène, et de quelle utilité nous
est-il par ce genre de travail ? On va au spectacle
pour voir l'acteur, et non pour en lire le jeu sur un
papier, pour en juger par les sensatious qu'il nous
fait à nous-mêmes et non par celles des autres : on
dirait, à l'importance avec laquelle le journalisme fait
ses rapports, qu'il est tout au moins l'envoyé d'Ap-
pollon sur la terre. Il n'est aucun individu du public
qui ne soit aussi bon juge, et quelquefois meilleur,

du mérite d'un acteur, que le journaliste qui en rend compte ; tel qui n'a pas été au spectacle n'a nul inté-rêt d'en lire l'analyse, et si quelquefois il la désire, il faut au moins qu'elle soit faite par gens qui n'en sa-chent pas souvent moins que lui. Nous apprécierons donc un pareil critique par le nom naïf de faiseur d'embarras, introduit dans un salon par l'arrivée su-bite d'une cohue, et dont la présence n'est signalée que par le rire des spectateurs ; à son aspect, je crois voir cet homme en chemise improvisé de son chef au-près d'une voiture pour en ouvrir et fermer la portière.

S'il est vrai , maintenant , que les articles du jour-nalisme pour la littérature et les sciences soient faits par des hommes de l'art et exclusifs dans chacune de ces attributions, il n'en est pas moins évident aussi que, de cette manière, la nation s'accoutume à ne voir le domaine de nos connaissances que dans un eadre rac-courci, et à ne cueillir que les étamines extérieures de ces fleurs de la pensée ; ainsi le journalisme même, dans ses productions les plus exactes, est encore nui-sible aux lumières du monde, en frappant les lettres

et les sciences d'un caractère frivole et superficiel,
qui rend le peuple trop instruit pour obéir, l'homme
élevé trop insuffisant pour commander, et fait faire à
la société un pas vers l'irrévérence du pouvoir en
même temps que l'ignorance.

Ainsi le journalisme, brandon de discorde du repos
public, éclipse de l'éclat de la littérature et des sciences, précepteur pernicieux en morale, que pourrait-il
faire de mieux que de cesser d'écrire ? Le journalisme me demandera ce qu'il deviendrait : il pourrait
aller mêler ses éléments de discorde à ceux des
agents d'affaires; il mettrait simplement alors le dé-
sordre dans les familles, calamité moins grave que
celle d'agiter l'Etat.

Aujourd'hui le journalisme est au faîte de sa puis-
sance : le peuple y soupire devant l'hiérarchie, le riche
y nourrit son hebetitude ; il inonde les lieux publics, il
obstrue le domicile; il règne dans la taverne, il règne
dans le café somptueux ; la vieille fille en retraite et
le bonhomme *jadis* se désespèrent dès que leur journal n'arrive pas ; tous courent machinalement à cette

œuvre pompeuse, qui s'intitule emphatiquement *progrès des lumières ;* mais, avouons-le aussi, l'enfant seul
a besoin d'un hochet, et le journalisme n'est qu'un
hochet ; l'homme qui jouit de sa raison n'a pas besoin
de la raison des autres pour s'en servir ; celui qui jouit
de la lumière n'est pas réduit au secours de l'aveugle
pour marcher, et, au point où il est parvenu, le journalisme n'est encore que le parasyte de la fortune, qui
vit avec un égal profit de la brouette et de l'équipage,
de l'échoppe et du salon. Tels furent en Grèce les
sophistes, qui soutenaient tour à tour le pour et le
contre.

Hé quoi ! ne puis-je pas être saisi d'un sentiment
d'affliction, quand j'entre dans un lieu public, et que
je vois un peuple entier lisant sur ce catéchisme d'un
nouveau genre l'agenda de sa machinale journée, ou
des intrigues auxquelles il doit se livrer ; œuvre de
l'homme aux expédients, ou de l'écrivain las d'attendre une offre de son éditeur ! Ne puis-je pas être
saisi d'un sentiment d'affliction, quand j'aperçois le
français simulant un mannequin travesti sous un

habit de journaux, chaque ordre des spéculations de la pensée, étiqueté de ce sobriquet mercantile, et numéroté comme la marchandise !

Mais que l'esprit sage se rassure : le journalisme ne tardera pas à crouler; il a déjà encouru le ridicule, précurseur de toutes les chutes. Chaque siècle a eu une idée fixe ; les siècles des croisades, de la chevalerie errante, des troubadours, se sont succédés et éclipsés tour à tour : le journalisme règne, son règne passera aussi; l'étincelle électrique du théâtre le frappera, comme le roman de Don Quichotte a frappé la chevalerie errante; et bientôt les salons de Thalie nous montreront au café l'étendard imprimé s'agitant risiblement sur la tasse du gobe-mouche.

Paris. — Imp. Boisseau, Malvaux, Augros, passage du Caire, 123-124.

www.ingramcontent.com/pod-product-compliance
Lightning Source LLC
Chambersburg PA
CBHW061814040426
42447CB00011B/2637